中国工程建设标准化协会标准

公路交通标志效用评价标准

Standard for Effectiveness Evaluation of Traffic Signs on Highway

T/CECS G：E35-01—2019

主编单位：北京交科公路勘察设计研究院有限公司
批准部门：中国工程建设标准化协会
实施日期：2019 年 12 月 01 日

人民交通出版社股份有限公司

图书在版编目(CIP)数据

公路交通标志效用评价标准：T/CECS G：E 35-01—2019／北京交科公路勘察设计研究院主编. — 北京：人民交通出版社股份有限公司，2019.7
　ISBN 978-7-114-15730-1

Ⅰ．①公… Ⅱ．①北… Ⅲ．①公路标志—评价标准—中国 Ⅳ．①U491.5-65

中国版本图书馆 CIP 数据核字(2019)第 154087 号

标准类型：中国工程建设标准化协会标准
标准名称：公路交通标志效用评价标准
标准编号：T/CECS G：E35-01—2019
主编单位：北京交科公路勘察设计研究院有限公司
责任编辑：王海南
责任校对：赵媛媛
责任印制：张　凯
出版发行：人民交通出版社股份有限公司
地　　址：(100011)北京市朝阳区安定门外外馆斜街 3 号
网　　址：http://www.ccpress.com.cn
销售电话：(010)59757973
总 经 销：人民交通出版社股份有限公司发行部
经　　销：各地新华书店
印　　刷：北京市鑫正大印刷有限公司
开　　本：880×1230　1/16
印　　张：2.5
字　　数：69 千
版　　次：2019 年 7 月　第 1 版
印　　次：2019 年 7 月　第 1 次印刷
书　　号：ISBN 978-7-114-15730-1
定　　价：40.00 元

(有印刷、装订质量问题的图书，由本公司负责调换)

中国工程建设标准化协会
公 告

第 462 号

关于发布《公路交通标志效用评价标准》的公告

根据中国工程建设标准化协会《关于印发〈2017年第一批工程建设协会标准制订、修订计划〉的通知》(建标协字[2017]014号)的要求,由北京交科公路勘察设计研究院有限公司等单位编制的《公路交通标志效用评价标准》,经本协会公路分会组织审查,现批准发布,编号为 T/CECS G：E35-01—2019,自2019年12月1日起施行。

二〇一九年七月八日

前　言

根据中国工程建设标准化协会《关于印发〈2017年第一批工程建设协会标准制定、修订计划〉的通知》建标协字〔2017〕014号的要求，由北京交科公路勘察设计研究院有限公司等单位承担《公路交通标志效用评价标准》（以下简称"本标准"）的制定工作。

本标准共包括9章、4个附录，主要内容包括：1 总则，2 术语，3 基本规定，4 基本状况评价，5 适应性评价，6 使用性能评价，7 安全性能评价，8 社会评价，9 评价结论及建议，附录A 公路交通标志效用评价报告格式，附录B 基本状况评价检查项目清单，附录C 适应性评价检查项目清单，附录D 调查问卷示例。

本标准基于通用的工程建设理论及原则编制，适用于本标准提出的应用条件。对于某些特定专项应用条件，使用本标准相关条文时，应对适用性及有效性进行验证。

本标准由中国工程建设标准化协会公路分会负责归口管理，由北京交科公路勘察设计研究院有限公司负责具体技术内容的解释。在执行过程中如有意见或建议，请函告本标准日常管理组，中国工程建设标准化协会公路分会（地址：北京市海淀区西土城路8号；邮编：100088；电话：010-62079839；传真：010-62079983；电子邮箱：shc@rioh.cn），或宋玉才（地址：北京市海淀区花园东路15号北京交科公路勘察设计研究院有限公司；邮编：100191；电话：13810840842；传真：010-62370155；电子邮箱：29727677@qq.com），以便修订时参考。

主 编 单 位：北京交科公路勘察设计研究院有限公司
参 编 单 位：北京中交华安科技有限公司
　　　　　　　广东省公路事务中心

主　　　　编：宋玉才
主要参编人员：张　昊　葛书芳　刘会学　朱小锋　郑　昊　陈　磊　杨振星
　　　　　　　王招贤　刘　莎　王东奇　张铁军　吕世辉　王　睿　吴倨伟

主　　　　审：唐琤琤
参与审查人员：鲁圣弟　沈国华　徐　欣　孙芙灵　胡彦杰　陈　浩　黄　强
　　　　　　　马治国　吴有铭　吴玲涛

目　次

1 总则 ··· 1
2 术语 ··· 3
3 基本规定 ··· 5
4 基本状况评价 ·· 7
　4.1 一般规定 ·· 7
　4.2 评价方法 ·· 7
　4.3 评价内容 ·· 8
　4.4 评价结论 ·· 9
5 适应性评价 ··· 10
　5.1 一般规定 ··· 10
　5.2 评价方法 ··· 10
　5.3 评价内容 ··· 10
　5.4 评价结论 ··· 14
6 使用性能评价 ··· 15
　6.1 一般规定 ··· 15
　6.2 评价方法 ··· 15
　6.3 评价内容 ··· 16
　6.4 问卷调查要求 ·· 16
　6.5 评价结论 ··· 17
7 安全性能评价 ··· 18
　7.1 一般规定 ··· 18
　7.2 评价方法 ··· 18

7.3	评价内容	19
7.4	实地调查要求	19
7.5	评价结论	20

8 社会评价 ··· 21

8.1	一般规定	21
8.2	评价方法	21
8.3	评价内容	21
8.4	评价结论	22

9 评价结论及建议 ··· 23

附录 A 公路交通标志效用评价报告格式 ·· 24

附录 B 基本状况评价检查项目清单 ·· 26

附录 C 适应性评价检查项目清单 ·· 27

附录 D 调查问卷示例 ··· 28

本标准用词用语说明 ··· 34

1 总则

1.0.1 为规范公路交通标志效用评价,制定本标准。

1.0.2 本标准适用于运营期公路交通标志效用评价。

条文说明

本条中运营期公路交通标志效用评价包括通车后的公路交通标志效用评价,也包括已通车公路交通标志改造后的公路交通标志效用评价,如"国家公路网命名和编号调整工作"等。

本标准中的公路交通标志效用评价,是指在工程质量满足国家及行业现行标准规范及有关要求的前提下,对公路交通标志的效用进行评价,为公路交通标志的优化和提升提供支撑。

公路交通标志效用评价不针对工程质量进行评价,但是在公路交通标志效用评价过程中,如发现部分工程质量有瑕疵,也要在评价报告中提出。

由于工程质量检验评定有相应的合格率要求,如关键项目的合格率应不低于95%,一般项目的合格率应不低于80%等[具体见现行《公路工程质量检验评定标准 第一册 土建工程》(JTG F80/1)],所以评价报告中提出的工程质量瑕疵不影响工程质量的评定结果。

1.0.3 公路交通标志效用评价应遵循客观性、系统性、指导性的原则。

条文说明

客观性原则是指公路交通标志效用评价要从实际出发,客观公正。系统性原则是指公路交通标志评价要树立全面观点,从整体出发,进行全面评价。指导性原则是指公路交通标志评价建议要具有可操作性。

1.0.4 公路交通标志效用评价应包括基本状况评价、适应性评价、使用性能评价和安全性能评价。此外,区域路网交通标志调整宜增加社会评价。公路交通标志效用评价报告格式宜符合本标准附录 A 的规定。

条文说明

公路交通标志效用评价流程如下:首先,对其基本状况进行评价;其次,对公路交通标志与路网、道路、交通、环境等的适应性进行评价；最后，对公路交通标志的使用性能及安全性能进行评价，区域路网交通标志效用评价增加对公众满意度等社会评价。

1.0.5 公路交通标志效用评价除应符合本标准的规定外，尚应符合国家和行业现行有关标准的规定。

条文说明

　　公路交通标志效用评价是一项复杂的工作，涉及国家和行业现行标准规范中的多个规范，如《道路交通标志和标线》(GB 5768)、《公路交通标志和标线设置规范》(JTG D82)、《公路交通安全设施设计规范》(JTG D81)等。作为评价人员，需要按本标准的要求，结合国家和行业现行有关标准完成评价工作。

2 术语

2.0.1 公路交通标志效用评价　effectiveness evaluation of traffic signs on highway

对公路交通标志功能和作用进行全面系统的分析与评价。

条文说明

本标准中的效用，主要是指交通标志的功能和作用。根据《现代汉语词典》，"效用"指"效力和作用"。"效果"指"由某种力量、做法和因素产生的结果（多指好的）"。由于本标准更侧重于公路交通标志的功能与作用的评价，以对公路交通标志的优化和提升起到支撑作用，故采用"效用"一词。

2.0.2 基本状况评价　evaluation of base conditions

对公路交通标志版面及结构的技术状况进行评价。

2.0.3 适应性评价　evaluation of appropriateness

从系统的角度，对公路交通标志与路网、道路、交通、环境等是否相协调进行评价。

2.0.4 使用性能评价　utility evaluation

对公路交通标志向驾驶人传递信息的质量进行评价。

条文说明

根据《道路交通标志和标线》（GB 5768—2009），"道路交通标志是以颜色、形状、字符、图形等向道路使用者传递信息，用于管理交通的设施"。本标准中的"公路交通标志使用性能"，主要是指公路交通标志向驾驶人传递信息的质量。

2.0.5 安全性能评价　evaluation of safety effectiveness

对公路交通标志在使用过程中，正确引导驾驶行为的能力进行评价。

条文说明

通过公路交通标志科学设置，如显著的设置位置、合理的字高、易辨识的图案、准确的信息、合理的信息量等，正确引导驾驶人，减少风险驾驶行为的发生，如紧急制动、急变道、停车观望等。

2.0.6 社会评价 social evaluation

对公路交通标志使用的公众满意度、相关方反馈等进行评价。

3 基本规定

3.0.1 公路交通标志效用评价应以路段或路网为评价对象。评价路段时,凡涉及系统性、整体性的要求,应基于该路段所处路网进行综合考虑。

条文说明

公路交通标志效用评价从系统性的角度考虑,以路网为对象进行评价更为合理,然而,我国目前公路交通标志的管理一般是以路段为单位进行管理的,所以评价对象包括路段,但是评价时需从路网的角度对路段公路交通标志的系统性、整体性进行评价。

3.0.2 公路交通标志效用评价时间应综合公路交通标志使用或反馈情况、交通量等因素确定:
1 对使用情况较好或反馈较好且交通量较大的,宜在投入使用1年后进行评价。
2 对使用情况较好或反馈较好且交通量较小的,宜在投入使用2年后进行评价。
3 对使用情况较差或反馈较差的,宜尽快开展评价工作。
4 对交通运输主管部门有评价时间要求的,应按其要求的时间进行评价。

条文说明

从国内外的情况来看,美国一般在公路交通标志投入使用后2年进行评价;我国广东于2016年实施完成全省范围的公路交通标志规范化改造工程,在实施完成后1.5年开展了评价工作。

3.0.3 公路交通标志效用评价应进行资料收集、现场调查、数据分析及评价,并提出建议及措施。

条文说明

具体评价时,需根据不同的评价目的开展相应的评价工作。一般收集以下几方面的资料:
(1)建设情况资料,包括有关设计论证材料、工程数量、建设地点、建设时间以及措施内容等。除文字记录外,有条件的要对重点实施过程进行照片或视频记录。
(2)建设后的公路和路段情况,有关数据和记录要与建设前的相对应。
(3)对公路交通标志专项改造项目,要包括建设前路段的基本情况,包括技术参数、交通情况、环境情况、交通事故情况、电话反馈记录、网上评论信息、相关部门对公路情况的评价和实施建议等。除文字记录外,有条件的要对实施前的情况进行照片或视频记录。

(4)其他相关资料。公路交通标志效用评价提出的建议是否采纳,业主单位和管理部门需要综合权衡安全、投资、效益等多方面进行决策。

4 基本状况评价

4.1 一般规定

4.1.1 基本状况评价应包括公路交通标志版面及交通标志结构评价。

条文说明

公路交通标志版面主要是指公路交通标志版面内容,公路交通标志结构包括公路交通标志板、支撑件、连接件、基础等结构构件。

4.1.2 以路段为对象,每种标志类型和每种结构类型应至少选择 1 个标志进行评价。

条文说明

标志类型,包括警告、禁令、指示、指路、旅游区、告示等标志,其中指路标志需区分路径指引标志、沿线信息指引标志和沿线设施指引标志。标志结构类型,包括单柱、双柱、单悬臂、双悬臂、门架、附着等。

4.2 评价方法

4.2.1 基本状况评价宜采用检查项目清单法,基本状况评价检查项目清单宜符合本标准附录 B 的规定。

条文说明

本标准附录 B 的检查项目清单根据本标准第 4.3 节的有关规定确定,是基本状况评价的基础性项目。评价人员可根据实际需要在本标准附录 B 的基础上增加相应的检查项目,一般情况下不要删减其中的检查项目。本标准附录 B 中的检查项目的具体评价值,需根据项目实际情况由评价人员进行确定。

4.2.2 基本状况评价宜结合现场观测或测量进行定性或定量评价。定量评价时,其指标值可结合相关现行标准规范进行确定。

4.3 评价内容

4.3.1 公路交通标志版面评价应符合下列规定：
  1 应对公路交通标志的颜色、形状、字高等要素进行评价。
  2 应对公路交通标志反光膜状况进行评价。
  3 应对公路交通标志白天及夜间的视认性进行评价。

条文说明

1 由于交通标志的颜色、形状及字高对公路交通标志效用影响很大，故将此三项列为主要要素进行评价。

根据编写组的调研，现状公路交通标志尚存在基本要素不满足要求的情况，如：

（1）在颜色方面，存在高速公路编号采用红色底膜白色字膜、警告标志采用红色底膜、普通公路上指路标志采用绿色底膜等情况。

（2）在形状方面，存在菱形的警告标志、三角形的停车让行标志、梯形的指路标志等。

（3）在字高方面，存在汉字字高远小于设计速度要求的字高、图形图案尺寸小于设计速度要求的尺寸等。

对公路交通标志专项改造工程，如"国家公路网交通标志调整工作"，需针对专项改造内容进行评价。

2 重点针对公路交通标志反光膜的有关病害进行评价，如褪色、污损、起泡、裂纹、剥落等病害。

3 重点针对两种情况：一种是白天，当存在逆光时，对公路交通标志的视认性进行评价；另一种是夜间，主要是对公路交通标志的逆反射性能进行评价。

4.3.2 公路交通标志结构评价应符合下列规定：
  1 应对公路交通标志结构是否满足限界要求进行评价。
  2 应对公路交通标志结构状况进行评价。

条文说明

1 主要从三个方面进行评价：一是公路交通标志是否侵入公路建筑限界；二是公路交通标志立柱或标志板内缘距土路肩边缘的距离是否满足要求；三是悬臂、门架类标志板下缘净空是否满足要求。

2 重点针对公路交通标志结构的病害进行评价，如公路交通标志结构倾斜、变形，钢构件防腐涂层剥落、锈蚀以及标志板、支撑件、连接件、基础等标志结构部件缺损等病害。现状公路交通标志结构病害产生的原因是多方面的，主要有以下三个方面：一是存在公路交通标志结构无法承受风荷载影响，如沿海地区常存在标志板被风吹弯等问题；二是标志结构被车辆碰撞，如货车占比较高的路段常出现标志板下缘被货车撞弯的情况；三是门架及悬臂标志存在下挠的情况。

4.4 评价结论

4.4.1 应给出公路交通标志基本状况评价的结论。

条文说明
　　公路交通标志基本状况评价的总体结论,要在单一公路交通标志评价结果的基础上,去除特殊情况下交通标志的状况,如少数因车辆超高被车辆剐蹭的公路交通标志,对余下的公路交通标志进行评价。

4.4.2 对基本状况评价存在问题的公路交通标志,应分析其产生的原因,并提出整改建议及措施。

5 适应性评价

5.1 一般规定

5.1.1 公路交通标志适应性评价应包括公路交通标志与路网、道路、交通、环境等的适应性评价。

5.1.2 公路交通标志适应性评价应包括需评价的全部公路交通标志，并重点对多路径公路、城市绕城公路、长陡下坡路段、隧道群路段等进行评价。

5.2 评价方法

5.2.1 适应性评价宜采用检查项目清单法、经验分析法等方法，并结合现场踏勘和实地驾驶进行评价。适应性评价检查项目清单宜符合本标准附录C的规定。

条文说明

经验分析法主要是结合评价人员的工作经验及公路交通标志设置经验，对评价路段或路网交通标志的适应性进行评价。

现场踏勘是指实地调查有关数据。实地驾驶是指在路网进行驾驶，评价人员在评价路段或路网进行驾驶的过程中通过视觉等感知公路交通标志信息。

本标准附录C的检查项目清单根据本标准第5.3节的有关规定确定，是基本状况评价的基础性项目，评价人员可根据实际需要在本标准附录C的基础上增加相应的检查项目，一般情况下不要删减其中的检查项目。本标准附录C中的检查项目的具体评价值，需根据项目实际情况由评价人员进行确定。

5.2.2 适应性评价根据评价内容可选择定性或定量的评价方法。

5.3 评价内容

5.3.1 路网适应性评价应符合下列规定：
1 应对公路交通标志中路线编号信息与路网结构的适应性进行评价。
2 应对公路交通标志指路信息的信息分层及信息选取进行评价。

3 应对信息的一致性和连续性进行评价。

条文说明
　　1　公路交通标志提供的路线编号信息要能准确反映路网结构,不能出现部分反映路网结构或与路网结构不一致的现象。同时编号信息要能反映出不同路网之间的衔接,如高速公路网与普通国道网等。
　　2　随着我国公路建设的快速发展,公路网络化的程度越来越高,路网也在不断发生变化。公路交通标志设计期针对的路网,与运营期往往有很大的变化。在公路交通标志评价过程中,要针对现状路网,对公路交通标志信息进行评价。
　　3　公路交通标志信息的一致性和连续性是公路交通标志信息的基本要求。在公路交通标志评价过程中,除了要评价本路段内交通标志信息的一致性和连续性外,还要评价本路段交通标志与路网中其他路段交通标志信息的一致性和连续性。

5.3.2 路段适应性评价应符合下列规定：
1 应对公路交通标志的设置位置进行评价。
2 应对公路交通标志的设置间距进行评价。
3 应对树木、边坡绿化、构筑物、广告牌等对公路交通标志视认效果的影响进行评价。
4 应对隧道路段、长陡下坡路段等路段交通标志与路段线形指标、环境条件等的适应性进行评价。

条文说明
　　1　公路交通标志设置位置,一般包括横向位置与纵向位置。横向位置是指设置在道路的左侧或右侧。公路单向车道数不小于3条、交通量较大、大型车辆较多或公路线形影响右侧标志的视认性时,可以在车辆前进方向的左侧重复设置。纵向位置是指交通标志设置距基准点或作用点的距离。基准点是指确定距离信息时作为标准的原点,如500m出口预告标志是指该出口预告标志距基准点的距离为500m。作用点是指标志起作用的点,如警告标志距作用点要有一定的距离,而禁令标志的作用点即为其设置点。
　　2　公路交通标志设置间距,一般根据设计速度确定:设计速度大于或等于80km/h的公路的交通标志之间的间隔通常不小于60m,其他公路的交通标志之间的间隔通常不小于30m。如需在保持最小间隔的标志之间增设新的标志,则采用互不遮挡的支撑结构形式。
　　3　在公路交通标志实际应用过程中,如有公路交通标志被树木、边坡绿化、构筑物等遮挡的情况,则会影响公路交通标志的使用效果,广告牌等也极易引起驾驶人关注而出现忽略公路交通标志的现象,所以在评价过程中需评价这些因素对公路交通标志的影响。

5.3.3 交通适应性评价应符合下列规定：
1 当路段的运行速度或限制速度与设计速度差别较大时,宜按运行速度或限制速度对警告标志的设置位置及指路标志的版面规格进行评价。

2 应根据实际的交通量、交通组成等数据，结合车道数等因素，对交通标志结构形式进行评价。

条文说明

1 根据《道路交通标志和标线》（GB 5768—2009），"交通标志字高可考虑设置路段的运行速度（V85）进行调整"，对警告、禁令等标志也有相应规定。根据《公路交通标志和标线设置规范》（JTG D82—2009），"当路段运行速度与设计速度之差大于20km/h时，宜按运行速度对交通标志的版面规格及视认性加以检验"。

路段有明确的限制速度时，通常按限制速度进行评价。

2 公路交通标志结构形式与多种因素有关，一般来讲，与交通组成关联最大，故纳入本部分。本款评价主要依据为《公路交通安全设施设计规范》（JTG D81—2017）中"当符合下列条件时，交通标志应采用悬臂式或门架式等悬空支撑方式：1 路侧交通标志视认受到遮挡或影响；2 路侧交通标志影响视距或交通安全；3 路侧空间受限，无法安装柱式交通标志；4 单向有三条或三条以上车道；5 交通量达到或接近设计通行能力，或大型车辆所占比例很大；6 枢纽互通式立体交叉、形式复杂或出口间距较近的互通式立体交叉的出口指引标志；7 互通式立体交叉出口匝道为多车道，或左向出口；8 平面交叉预告和告知标志；9 车道变换频繁的路段；10 交通标志设置较为密集的路段；11 位于城市区域的高速公路路段。"

5.3.4 环境适应性评价应符合下列规定：

1 宜根据公路交通标志现状及当地的实际风速等情况，对公路交通标志的结构强度进行评价。

2 应根据公路交通标志现状及当地的风沙、雾、酸雨、盐碱等环境条件，对公路交通标志的反光膜和结构进行评价。

条文说明

1 交通标志设计风速选取，一般根据现行《公路桥梁抗风设计规范》（JTG/T 3360-01）中的"全国桥梁抗风风险区划图及风速参数分布图表"进行确定。但在实际应用过程中，如路段中垭口等点段，风速较大，有可能超过设计风速，对这类点段，需对结构强度进行评价，以保障公路交通标志结构安全。

2 公路交通标志的环境适应性，主要是指对特殊环境的适应能力。风沙对公路交通标志反光膜影响较大，雾对交通标志视认性有较大影响，酸雨对公路交通标志结构有较大影响，盐碱对公路交通标志基础有一定腐蚀作用。

5.3.5 与其他设施适应性评价应符合下列规定：

1 对出口三角端、平交口、收费站等路段，应对公路交通标志与标线的配合设置进行评价。

2 设置于路侧计算净区范围内的大型公路交通标志,特别是悬臂和门架标志,应对标志立柱的防护设施如护栏等的设置进行评价。

3 应对固定信息标志和可变信息标志的相互协调性进行评价。

4 应对公路交通标志与机电设施设置的相互协调性进行评价。

5 宜对服务区、检查站等场区内的交通标志与场区外交通标志的相互协调进行评价,重点是场区内外交通标志的配合情况、场区内交通标志与交通标识的配合情况等。

条文说明

1 在标志和标线配合使用时,需评价标志和标线是否互为补充或一致,有无冲突或歧义。

2 《公路交通安全设施设计规范》(JTG D81—2017)中明确要求"路侧计算净区宽度范围内有以下情况时,事故严重程度等级为中:(4)高速公路、一级公路路外设有车辆不能安全越过的照明灯、摄像机、交通标志、声屏障、上跨桥梁的桥墩或桥台、隧道入口处的检修道或洞门等设施的路段",并规定"事故严重程度等级为中,应设置护栏"。

计算净区宽度按《公路交通安全设施设计规范》(JTG D81—2017)附录A"净区宽度计算方法"确定。

3 可变信息标志是一种因交通、道路、气候等状况的变化而改变显示内容的标志。一般用作速度控制、车道控制、道路状况、气象状况及其他内容的显示。固定信息标志和可变信息标志不要有冲突,当存在不一致时,需明示可变信息标志的实际适用条件。

4 公路交通标志与机电设施的相互协调,主要是指公路交通标志与机电设施等外场设施的配合设置,要避免存在遮挡等问题。在实际建设和运营过程中,由于公路交通标志变更、新增加相关设施等原因,可能存在不协调的情况,需进行重点评价。

5 服务区场区内的交通标志设置,要充分考虑场区交通组织设计及功能规划,并与之相配合。此外,服务区场区内的交通标志还要与场区内交通标识、交通标线等配合。

5.3.6 与其他指路系统适应性评价应符合下列规定:

1 应评价公路交通标志与导航系统的适应性。

2 应评价公路交通标志与地图等其他指路系统的适应性。

条文说明

1 目前导航系统应用越来越普遍,当导航系统与公路交通标志信息不一致时,会影响驾驶人的使用。在公路交通标志效用评价过程中,需重点评价指路信息、限制速度信息等公路交通标志信息与导航系统信息之间的衔接。

评价时要求至少选取一种当地使用较多的导航系统进行评价。

2 需对公路交通标志上给出的信息,与目前常用地图(含电子地图)的地名、编号等信息是否一致进行评价。

评价时要求至少选取一种常用地图(含电子地图)进行评价。

5.4 评价结论

5.4.1 应在各项适应性评价的基础上,对公路交通标志适应性进行评价,并给出相应的评价结论。

5.4.2 对适应性评价存在问题的公路交通标志,应分析其产生的原因,并提出整改建议及措施。

6 使用性能评价

6.1 一般规定

6.1.1 评价对象可为单个公路交通标志、一组公路交通标志或一类公路交通标志。

条文说明

单个公路交通标志,如交叉口警告标志;一组公路交通标志,如长下坡路段的一组长下坡交通指引标志;一类公路交通标志,如警告标志、禁令标志、指路标志等。

6.1.2 公路交通标志使用性能评价应包括全部公路交通标志,可分组或分类进行评价。

6.1.3 应重点对交通转换节点、交通情况复杂路段及进行特殊设计的公路交通标志进行评价。

条文说明

"交通转换节点"主要指枢纽型互通、大型平面交叉等主要交通节点。

"交通情况复杂路段"指城市绕城路段、多路径路段、重合路段、多车道路段、长陡下坡路段、隧道群路段、小半径曲线路段、视距受限路段、雾区路段、限速过渡路段、车道数变化路段等。

"进行特殊设计的公路交通标志"主要是指公路交通标志中复杂互通的图形、标志性图案、特殊的信息表达方法等。

6.2 评价方法

6.2.1 公路交通标志使用性能评价宜采用问卷调查法,也可采用指标法进行评价。

条文说明

公路交通标志使用性能评价主要是从驾驶人的角度评价公路交通标志的使用效果,以问卷调查法为主。对管理部门等反馈的相关数据进行对比分析可以作为辅助评价方法。

当评价指标较为明确且易于获取时,可以采用指标法进行评价。如禁令标志中的禁止左转标志,可以采用标志遵守率进行评价;对警告标志中的慢行标志,可以采用实际运行速度进行评价。

6.2.2 调查问卷可参照本标准附录 D 执行。

6.3 评价内容

6.3.1 应包括驾驶人对公路交通标志使用性能的整体评价。

条文说明

总体评价指标采用态度量化方法,即分别对 5 级态度"很满意、满意、一般、不满意、很不满意"赋予"5、4、3、2、1"的分值。评价项分值＝各份问卷相应评价项得分之和/(5×问卷份数)。当评价项分值大于70%时为合格。

6.3.2 应分别对公路交通标志是否清晰、准确、易于理解进行评价。

条文说明

条文中的"清晰",对驾驶人来说,一是公路交通标志能够清晰可见,二是公路交通标志的内容能够清晰可辨。

条文中的"准确",一是指公路交通标志设置位置的准确,二是指公路交通标志提供信息的准确。

条文中的"易于理解",一是指公路交通标志信息易于理解、无歧义,二是指公路交通标志信息表达和传递方式易于理解,如采用简洁的图形化表达方式等。

评价指标采用态度量化方法,即分别根据清晰、准确、易于理解的程度,如对于是否清晰,分为"很清晰、清晰、一般、不清晰、很不清晰",赋予"5、4、3、2、1"的分值。评价项分值＝各份问卷相应评价项得分之和/(5×问卷份数)。当评价项分值大于70%时为合格。

6.4 问卷调查要求

6.4.1 问卷调查应针对评价内容进行问卷问题设计。

6.4.2 问卷调查主要对象应是驾驶人,还应包括公路运营养护、管理部门以及公安交通管理部门。

条文说明

问卷调查的对象要全面,问卷调查的主要对象是驾驶人,调查对象还需包括公路运营养护等相关部门。这些部门对驾驶人的反馈、实际情况等更为熟悉，通过深入调查可以得到较为客观的评价。

6.4.3 针对驾驶人的有效调查问卷数不应少于30份。

条文说明

根据统计分析的样本需求，针对驾驶人的有效调查问卷数不少于30份。有效调查问卷不包括可信度低或前后不一致、矛盾的答卷。

6.4.4 调查问卷应记录调查对象基本信息，以及车辆、道路、时间、天气等信息。

条文说明

调查问卷一般需详细记录相关信息，以备在统计分析时可以根据不同的情况如车辆、驾驶人等进行针对性分析。如调查对象基本信息，要包括姓名、性别、年龄、驾龄、受教育程度等。

6.5 评价结论

6.5.1 应给出公路交通标志使用性能评价的结论。

条文说明

可以在各类公路交通标志使用性能评价的基础上，对公路交通标志使用性能进行整体评价。

6.5.2 对使用性能评价存在问题的公路交通标志，应分析其产生的原因，并提出整改建议及措施。

7 安全性能评价

7.1 一般规定

7.1.1 评价对象为单个公路交通标志或一组公路交通标志。

条文说明
单个公路交通标志,如特殊设计的指路标志、交叉口警告标志等。一组公路交通标志,如出口预告系列标志、长陡下坡路段系列标志等。

7.1.2 公路交通标志安全性能评价应包括全部公路交通标志,可分组进行评价。

7.1.3 应重点对事故易发路段、交通安全敏感路段及进行特殊设计的公路交通标志进行评价。

条文说明
"事故易发路段"需通过对评价路段或路网的交通事故情况进行调研,综合考虑交通事故情况及与公路交通标志设置的关系,研究确定公路交通标志安全性能评价的重要点段,进而对重要点段的公路交通标志安全性能进行评价。
"交通安全敏感路段"主要是指长陡下坡路段、隧道群路段、小半径曲线路段、视距受限路段、雾区路段、限速过渡路段、车道数变化路段、长大桥梁或隧道路段及其他有必要进行公路交通标志效用评价的路段。
"进行特殊设计的公路交通标志"主要是指公路交通标志中复杂互通的图形、标志性图案、特殊的信息表达方法等。

7.2 评价方法

7.2.1 公路交通标志安全性能评价宜采用风险驾驶行为对比法或比率法进行评价,应结合实地调查进行评价。

条文说明
本标准中的风险驾驶行为,主要是指紧急制动、急变道、停车观望三种驾驶行为。导致风险驾驶行为的因素较多且较复杂,所以公路交通标志安全性能评价,一个很重要的内容是判别公路交通标志与风险驾驶行为的相关性,进而判别风险驾驶行为与公路交通标志哪些特性相关,从而进行有针对性的优化和完善工作。

对公路交通标志改造类项目,且有改造之前的数据时,采用前后两次风险驾驶行为对比法进行评价。采用对比法进行评价,当其他条件未变,而风险驾驶行为减少时,一般可以判定公路交通标志安全性能变好。

对首次进行公路交通标志安全性能评价的项目,且无改造之前的可对比数据时,采用风险驾驶行为比率法(即风险驾驶行为百分比)进行评价。具体比率标准可以由评价人员根据实际情况分析确定。

对公路交通标志进行安全性能评价,实地调查是一项重要内容,除可以获得大量的第一手资料外,评价人员还可以结合自己的专业知识和技能,发现安全问题,使公路交通标志的安全性能评价更为全面。

7.3 评价内容

7.3.1 宜对公路交通标志视认距离范围内的紧急制动情况进行评价。当紧急制动行为增多或比率较高时,除应进行与公路交通标志的相关性分析外,尚应对公路交通标志的设置位置是否正确、是否有遮挡、标志是否显著等进行检查分析。

7.3.2 应对公路交通标志视认距离范围内的急变道情况进行评价。当急变道行为增多或比率较高时,除应进行与公路交通标志的相关性分析外,尚应对公路交通标志重复次数、是否有首次出现的信息等进行检查分析。

7.3.3 应对公路交通标志视认距离范围内的停车观望情况进行评价。当停车观望行为增多或比率较高时,除应进行与公路交通标志的相关性分析外,尚应对公路交通标志的信息是否过载、是否有歧义等进行检查分析。

7.3.4 应对公路交通标志视认距离范围内的交通事故情况进行评价。当交通事故增多或比率较高时,除应进行与公路交通标志的相关性分析外,尚应对公路交通标志的设置进行检查分析。

条文说明
当交通事故数据不足或交通事故与公路交通标志的相关性较小时,可以不进行分析。

7.4 实地调查要求

7.4.1 实地调查应针对不同时段进行调查,宜针对不同天气状况进行调查。

条文说明

实地调查要详细,首选需区分白天和夜间两种情况,有条件时需区分晴天和雨天两种情况。对事故易发路段,根据实际需要进行更为详细的调查,如一天中的不同时段等。

7.4.2 最小样本量应满足表7.4.2的要求。时间段应包括早、中、晚、夜间4个时间段,每个时间段不应少于2h。

表7.4.2 最小样本量要求

限制速度(km/h)	40	50	60	80	90	100	110	120
样本量(辆)	55	65	85	110	130	155	200	275

条文说明

实地调查的具体时间段一般结合历史事故、相关部门反馈等因素综合确定。当采用对比法时,前后对比的时间段需相同。

7.5 评价结论

7.5.1 应给出公路交通标志安全性能评价结论。

条文说明

评价结论主要是结合风险驾驶行为情况和交通事故情况,对公路交通标志的安全性能进行综合分析和评价。

7.5.2 对安全性能评价存在问题的公路交通标志,应分析其产生的原因,并提出整改建议及措施。

8 社会评价

8.1 一般规定

8.1.1 社会评价的评价对象宜为区域路网,也可为单一路段。

条文说明
进行社会评价时,评价对象的区域路网可以根据实际情况进行选择,如珠三角区域、省域等。

8.1.2 社会评价的评价范围为某一类型的公路交通标志或全部公路交通标志。

条文说明
某一类型的公路交通标志,如指路标志、限速标志等。

8.2 评价方法

8.2.1 社会评价宜采用问卷调查法,可收集社会反馈材料、新闻及网络报道等相关材料作为补充。

8.2.2 问卷调查的有关要求应符合本标准第6.4节的规定。

8.3 评价内容

8.3.1 社会评价应包括公众满意度调查分析。

条文说明
公众满意度调查对象为驾驶人。公众满意度指标主要采用态度量化方法确定,即分别对5级态度"很满意、满意、一般、不满意、很不满意"赋予"5、4、3、2、1"的分值。评价项分值=各份问卷相应评价项得分之和/(5×问卷份数)。当评价项分值大于70%时为合格。

8.3.2 社会评价应包括相关方对公路交通标志的反馈分析。

条文说明

相关方主要是指路政部门、公安交警部门、公路管理部门、媒体机构、出行服务机构等。

反馈分析主要是指通过收集相关方的反馈材料,并进行分析。

8.4 评价结论

8.4.1 应给出社会评价的结论。

条文说明

评价结论主要是结合公众满意度调查以及相关方对公路交通标志设置的反馈,给出社会评价的结论。

8.4.2 应对相关意见和建议进行分析。

条文说明

对相关方的反馈意见和建议要进行具体分析,并给出相关完善建议。

9 评价结论及建议

9.0.1 评价结论应在对基本状况评价、适应性评价、使用性能评价、安全性能评价、社会评价等综合分析的基础上提出。

条文说明

评价结论需结合各单项评价结论进行综合分析,对公路交通标志效用影响较大的关键性、普遍性问题要进行提炼总结。

9.0.2 应针对影响公路交通标志效用的主要问题,提出切实可行的改进建议,并结合对公路交通标志效用的影响程度、改进建议实施的难易程度等因素,提出改进建议的实施方案。

附录 A 公路交通标志效用评价报告格式

A.1 报告格式说明

A.1.1 公路交通标志效用评价报告宜包括下列内容：
1 封面；
2 资质证书；
3 著录页；
4 目录；
5 正文。

A.1.2 公路交通标志效用评价报告应采用 A4 幅面，左侧装订。

A.1.3 公路交通标志效用评价报告封面宜采用浅灰色。

A.1.4 封面宜包括下列内容：
1 项目名称；
2 标题，统一为"公路交通标志效用评价报告"；
3 承担单位名称；
4 评价报告完成日期。

A.1.5 著录页宜包括下列内容：
1 项目名称；
2 标题，统一为"公路交通标志效用评价报告"；
3 承担单位负责人、技术负责人、项目负责人及主要参加人员姓名；
4 承担单位名称及公章或技术成果章；
5 承担单位资质证书名称及编号；
6 评价报告完成日期。

A.2 公路交通标志效用评价报告正文格式

A.2.1 公路交通标志效用评价报告正文应由下列部分组成：

1 概述。阐述公路交通标志效用评价背景及目的、工作依据、工作过程及调研情况。

2 项目概况。说明公路项目的基本情况、技术指标、交通量及交通组成、路网关系、自然地理环境等，以及施工情况、验收情况等。

3 基本状况评价。从公路交通标志版面及公路交通标志结构两个方面对公路交通标志的基本状况进行评价。

4 适应性评价。从路网、道路、交通、环境条件等方面对公路交通标志的适应性进行评价。

5 使用性能评价。从驾驶人使用的角度对公路交通标志的使用性能进行评价，并给出评价结论。

6 安全性能评价。根据实地调查相关数据，对交通标志的安全性能进行评价，并给出评价结论。

7 社会评价。针对区域路网进行社会评价。

8 评价结论及建议。结合基本状况评价、适应性评价、使用性能评价、安全性能评价和社会评价的结论，给出公路交通标志效用评价的结论及建议。

附录 B 基本状况评价检查项目清单

表 B 基本状况评价检查项目清单示例

序 号	检 查 项 目	检 查 方 法
1	颜色	现场观测
2	形状	现场观测
3	字高	现场观测或测量
4	反光膜状况	现场观测
5	视认性	现场观测
6	是否侵入建筑限界	现场观测或测量
7	结构构件状况	现场观测

附录 C 适应性评价检查项目清单

表 C 适应性评价检查项目清单示例

序 号	检 查 项 目	检 查 方 法
1	路线编号信息与路网结构的适应性	现场检查
2	信息分层与信息选取	现场检查
3	信息的一致性和连续性	现场检查
4	设置位置	现场观测或测量
5	设置间距	现场观测或测量
6	树木、绿化、构筑物、广告牌等对公路交通标志是否有遮挡	现场观测
7	运行速度或限制速度与设计速度差别较大的路段	现场观测或测量
8	结构形式	现场观测
9	结构强度	现场观测
10	是否满足风沙等环境要求	现场观测
11	与标线的配合设置	现场观测
12	标志立柱防护	现场观测或测量
13	与可变信息标志的配合	现场观测
14	与机电设施的配合	现场观测
15	与服务区等场区内交通标志及交通标识的配合	现场观测
16	与导航系统信息的协调	现场检查
17	与地图信息的协调	现场检查

附录 D 调查问卷示例

D.0.1 本附录给出了国家公路网命名和编号调整工作调查问卷,具体评价过程中的调查问卷,应根据项目实际情况进行针对性设计。

国家公路网命名和编号调整工作调查问卷

您好!感谢您参与我们的调查。本问卷用于了解、评价国家公路网交通标志调整工作实施效果情况,以便更好地对其改进。请选择您在认为正确的选项,或在横线上填写相应的回答内容(标注"＊"号的为必答项)。

一、基本信息

＊问卷开展的地点、道路、车辆、时间、天气:(问卷人填写)
_____

＊性别
○ 男 ○ 女

＊年龄_____

＊驾龄_____

＊职业_____

＊您来自哪里:_____省_____市

＊此次出行目的:_____

＊您是否经常开车:
○ 经常
○ 偶尔,平均每周一次
○ 很少

＊受教育程度:
○ 初中及初中以下
○ 高中
○ 大学
○ 硕士及硕士以上

＊您对公路交通标志是否了解:
○ 是
○ 否

二、一般性调查

＊1.出行前是否会提前规划路线：
　　○ 会　　　　　　　　　　　　　○ 不会

＊2.采用何种方式进行路线规划：
　　○ 查找纸质版地图　　　　　　　○ 使用手机导航查找
　　○ 询问目的地的家人、朋友　　　○ 无规划,完全依靠交通标志

＊3.您在驾车前往目的地时经常采用的指引手段：
　　○ 纸质版地图与指路标志　　　　○ 车辆、手机导航与指路标志
　　○ 仅依靠指路标志　　　　　　　○ 仅依靠车辆、手机导航

＊4.当指路标志与导航所指引的路径不同时,您更信任：
　　○ 指路标志　　○ 车辆、手机导航　　○ 停车问路

＊5.您在普通国省干线公路驾车时,是否会注意高速公路入口指引标志？
　　○ 非常注意　　　○ 偶尔会看　　　○ 基本不看

＊6.您在驶出高速公路时,是否会注意高速公路出口标志？
　　○ 非常注意　　　○ 偶尔会看　　　○ 基本不看

＊7.下列指路标志中,您能确切理解其指引内容的有几个：

　　○ 1个　　　　○ 2个　　　　○ 3个　　　　○ 4个

＊8.您平时主要利用交通标志中的哪些信息(多选)？
　　□ 前方可到达地点的名称　　　　□ 前方可到达道路路名
　　□ 当前道路路名　　　　　　　　□ 当前所在地地名
　　□ 前方出口、交叉口道路实际走向　□ 距离前方道路或地点的距离
　　□ 道路行进的方向　　　　　　　□ 其他＿＿＿＿＿＿＿＿＿＿

三、国家公路网交通标志调整工作专项调查

(一)基本评价

＊1.您对2018年至2019年正在进行的国家公路网交通标志调整工作是否了解？
　　○ 非常了解　　　○ 了解　　　○ 听说过　　　○ 不了解

*2. 对下图命名编号的解释,正确的是(多选):

□ 直行方向为 G329 和 S227 的共线段 　　□ 直行方向分别是 G329 和 S227

□ 右转方向为 S326 　　□ 无法理解该标志意图

*3. 对下图命名编号的解释,正确的是(多选):

□ 该路段为 G40 沪陕高速和 G42 沪蓉高速共线段

□ 该路段能够驶往信阳、武汉

□ 该路段指引的 G40 沪陕高速和 G42 沪蓉高速并无关系

*4. 您驾车在高速公路或者普通干线公路看到下图中的标志,您认为是:

○ 养护桩号　　○ 里程桩号　　○ 不太清楚

*5. 对下图中"岱山湖"的解释,正确的是:

○ 旅游景区　　　○ 重要地点　　　○ 地名

*6. 对下图标志的理解,正确的是(多选):

□ 直行为 G330 线　　　　　　　□ 左转或者右转均可驶入 S103 线

□ 直行可到达肥西、合肥　　　　□ 左转可到达同大、上派

□ 右转可到达白山、无为　　　　□ 当前道路的走向为北向

7. 下列图片为本次国家公路网交通标志调整工作调整前后的指路标志对照图,请选择调整后标志版面(多选):

*8. 您认为调整后的指路标志目的地信息指引是否更加清晰:
　　○ 比改造前更加清晰　　○ 比较清晰　　○ 效果不明显
　　○ 更习惯于改造前　　○ 依靠导航,不关注指路标志

*9. 您认为调整后的指路标志是否能满足您的驾驶预期(准确指引目的地)?
　　○ 超过预期　　○ 满足　　○ 基本满足
　　○ 不如改造前　　　　　　○ 依靠导航,不关注指路标志

*10. 您在驾车过程中是否出现过走错路的情况:
　　○ 经常　　○ 偶尔　　○ 没有

*11. 您认为走错路现象多发生于哪些路段(多选)：
　　□ 高速公路出口　　　　　　□ 通往多个目的地的高速公路出口
　　□ 普通公路交叉口　　　　　□ 普通公路环岛路段

*12. 本次交通标志调整改造后的指路标志是否有利于减少走错路的情况发生：
　　○ 明显减少　　　○ 减少　　　○ 效果不明显　　　○ 依然会走错

*13. 您认为现有指路标志应增加哪些指引信息：

　　　　　　　　　　　　　　　　　　　　　　　　　　　　　　

(二)使用性能评价

*1. 您对调整后的国家公路网指路标志是否满意：
　　○ 很满意　　　　○ 比较满意　　　　○ 一般
　　○ 不满意　　　　○ 很不满意

*2. 您认为调整后的国家公路网指路标志指路是否更加清晰：
　　○ 很清晰　　　　○ 比较清晰　　　　○ 一般
　　○ 不清晰　　　　○ 很不清晰

*3. 您认为调整后的国家公路网指路标志指路是否更加准确：
　　○ 很准确　　　　○ 比较准确　　　　○ 一般
　　○ 不准确　　　　○ 很不准确

*4. 您认为调整后的国家公路网指路标志是否更加易于理解：
　　○ 很容易理解　　○ 比较容易理解　　○ 一般
　　○ 不容易理解　　○ 很不容易理解

*5. 对优化和完善国家公路网交通标志,您有哪些建议：

本标准用词用语说明

1 本标准执行严格程度的用词,采用下列写法:

1)表示很严格,非这样做不可的用词,正面词采用"必须",反面词采用"严禁";

2)表示严格,在正常情况下均应这样做的用词,正面词采用"应",反面词采用"不应"或"不得";

3)表示允许稍有选择,有条件许可时首先应这样做的用词,正面词采用"宜",反面词采用"不宜";

4)表示有选择,在一定条件下可以这样做的用词,采用"可"。

2 引用标准的用语采用下列写法:

1)在标准总则中表述与相关标准的关系时,采用"除应符合本标准的规定外,尚应符合国家和行业现行有关标准的规定"。

2)在标准条文及其他规定中,当引用的标准为国家标准和行业标准时,表述为"应符合《××××××》(×××)的有关规定"。

3)当引用本标准中的其他规定时,表述为"应符合本标准第×章的有关规定""应符合本标准第×.×节的有关规定""应符合本标准第×.×.×条的有关规定"或"应按本标准第×.×.×条的有关规定执行"。